Von Hasen und Hühnern

Zwei humorvolle Klassiker
von *Helme Heine*

BELTZ
& Gelberg

Der Hase mit der roten Nase

Es war einmal ein Hase
mit einer roten Nase
und einem blauen Ohr.
Das kommt ganz selten vor.

Die Tiere wunderten sich sehr:
Wo kam denn dieser Hase her?

Er hat im Gras gesessen
und still den Klee gefressen.

Und als der Fuchs vorbeigerannt,
hat er den Hasen nicht erkannt.

Da freute sich der Hase.
»Wie schön ist meine Nase
und auch mein blaues Ohr, das
kommt so selten vor!«

Das schönste Ei der Welt

Es waren einmal
drei Hühner – Pünktchen, Latte und Feder,
die stritten sich, wer die Schönste
von ihnen sei.

Pünktchen besaß das schönste Kleid.

Latte hatte die schönsten Beine.

Und Feder trug den schönsten Kamm.

Weil sie sich nicht einigen konnten, beschlossen sie,
den König um Rat zu fragen.

»Es kommt
auf die inneren Werte an«,
sagte der König.
»Wer das schönste Ei legt, soll gewinnen
und Prinzessin werden.«

Er ging hinaus in den Park
und alle Hühner seines Königreiches
folgten ihm.

Pünktchen fing als Erste an zu gackern.
Vorsichtig hockte sie sich mit ihrem schönen
Kleid ins nasse Gras. Es dauerte nicht lange,
da erhob sie sich und trat zur Seite.

Alle waren sprachlos.
So etwas hatten sie noch nie gesehen:
Vor ihnen lag ein schneeweißes,
makelloses Hühnerei, ohne jede Druckstelle,
mit einer Schale wie polierter Marmor.
»Vollkommener geht es nicht!«,
rief der König – und alle, alle nickten.

Als Latte zu gackern begann, bedauerten
sie alle. Ein vollkommeneres Ei konnte man
nicht legen, das war unmöglich.

Aber nach zehn Minuten
erhob Latte sich erleichtert, und ihr Kamm
leuchtete in der Morgensonne.

Der König klatschte vor Freude laut in die Hände:
Vor ihm lag ein Hühnerei, so groß und schwer,
dass selbst ein Vogel Strauß neidisch geworden wäre.

»Größer geht es nicht!«, rief der König – und alle, alle nickten.

Während sie noch nickten, hockte
sich Feder hin. Alle bedauerten sie sehr,
denn ein vollkommeneres
oder ein größeres Ei konnte sie nicht legen.
Das war undenkbar. Feder gackerte kaum.
Es war ihre Art: Bescheiden,
mit niedergeschlagenen Augen saß sie da.

Dann stand sie auf. Vor ihnen lag
ein viereckiges Hühnerei, von dem man
in hundert Jahren noch erzählen wird.
Die Kanten waren wie
mit dem Lineal gezogen, jede Fläche
leuchtete in einer anderen Farbe.
»Phantastischer geht es nicht!«,
rief der König – und alle, alle nickten.

Es war unmöglich zu sagen,
welches Ei das schönste war.
Auch der König wusste es nicht.
So kam es, dass alle drei Prinzessin wurden:
Pünktchen, Latte und Feder.

Und wenn sie nicht gestorben
sind, dann legen sie noch heute.

Helme Heine, 1941 in Berlin geboren, studierte Wirtschaftswissenschaften und Kunst, ging anschließend auf Reisen durch Europa und Asien. In Südafrika verbrachte er wichtige Jahre; unter anderem begründete er dort ein Kabarett, brachte eine satirische Zeitschrift heraus und spielte Theater. 1976 begann er seine internationale Karriere mit dem ersten Bilderbuch *Elefanteneinmaleins*. Es folgte *Na warte, sagte Schwarte* im Jahre 1977. Als Autor und Illustrator zählt Heine heute zu den international renommiertesten Künstlern; seine Arbeiten erhielten viele Auszeichnungen und Preise. Helme Heine schreibt auch für Erwachsene, zeichnet Cartoons und Zeichentrickfilme, schafft Skulpturen und Möbel.

Dieses Buch ist erhältlich als:
ISBN 978-3-407-75987-0 Print

© 2025 Beltz & Gelberg
Verlagsgruppe Beltz
Werderstraße 10, 69469 Weinheim
service@beltz.de
Alle Rechte vorbehalten
Das schönste Ei der Welt © 1983, 2009 Beltz & Gelberg
Erstmals erschienen 1983 im Middelhauve Verlag
Der Hase mit der roten Nase © 1987, 2004 Beltz & Gelberg
Erstmals erschienen 1987 im Middelhauve Verlag
Neue Rechtschreibung
Einbandgestaltung unter Verwendung von Bildern von Helme Heine
Herstellung: Elisabeth Werner
Druck und Bindung: Beltz Grafische Betriebe, Bad Langensalza
Beltz Grafische Betriebe ist ein Unternehmen mit finanziellem Klimabeitrag
(ID 15985-2104-1001).
Printed in Germany
1 2 3 4 5   29 28 27 26 25

Weitere Informationen zu unseren Autor:innen und Titeln finden Sie unter:
www.beltz.de